The Towers

by

Andrej Grilc

--

A Bilingual Edition

OPEN ENDS PRESS

No part of this book may be reproduced or excerpted without written permission from the publisher. For permissions, contact the publisher: Open Ends Press,

www.openendspress.com, email: editors@openendspress.com.

Photograph by Steven Paul Hlavac www.photoasylum.com

This is the first paperback edition.

Manufactured in

New York City, United States

ISBN: 979-8-9917990-8-9 (paperback)

Dedicated to the victims of

9/11

and to everyone whose lives were touched,

altered,

or lost in the aftermath.

I have looked down across the city from high
windows. It is then that the great buildings
lose reality and take on their magical powers.
They are immaterial; that is to say, one sees but the
lighted windows.

Squares after squares of flame, set and cut
into the Aether. Here is our poetry, for we
have pulled down the stars to our will.

—Ezra Pound, Patria Mia

Preface

This year marks twenty-five years since the terrorist attacks of September 11—an event that shook the world and unsettled its foundations of security and trust. The images of that day remain etched not only in America's memory but in that of the entire Western world, forming a collective trauma that endures.

The year before the attacks represented, by socioeconomic measures, the apex of neoliberal optimism—a seeming golden age of peace. Humanity was experiencing its fewest wars and its greatest prosperity in modern history. Technology and liberal policies had accelerated progress: according to a World Bank report from 2000, life expectancy in developing countries had risen by twenty years in recent decades; infant mortality and birth rates had nearly halved; school enrollment had increased by thirteen percent; average incomes had more than doubled between 1965 and 1998; and seventy-eight million fewer people were living in extreme poverty between 1990 and 1998. The fall from this paradise, when it came, felt all the longer—and all the harder.

If the assassination of Archduke Franz Ferdinand in Sarajevo marked the beginning of the twentieth century, as Christopher Clark suggests, then the twenty-first century began on September 11, 2001.

I learned about the attack moments after the first plane hit. My sister, a flight attendant on duty that day, called to say they were preparing for takeoff—but that she was frightened, because a plane had deliberately flown into a skyscraper in New York. I was stunned. I sensed immediately that something unprecedented was unfolding. I rushed home while those around me on the train laughed and enjoyed themselves in blissful ignorance—in what were, unknowingly, the last carefree hours of that summer.

I switched on the television just in time to see the second plane appear over Manhattan. CNN was broadcasting live. I sat frozen before the screen, horrified. I was fifteen years old and alone; my parents were abroad. My sister's plane, grounded after the flight to Paris, could not be reached for two days.

I remember the images of the burning towers—then collapsing, then burning and standing again—and the overwhelming panic and anger. The spectacle unfolded live before the world, uniting a global gaze years before social media existed.

The September 11 attack became the defining event of our generation—a generation raised in comfort, quietly yearning for the excitement, the revolutions, the wars of those who came before us, for anything that might confer a sense of higher purpose, a literature ennobled by catharsis. In that sense, the attack on the Twin Towers was, as composer Karlheinz Stockhausen provocatively remarked, "the greatest work of art of the twenty-first century."

We longed for grand events—and grew up far too quickly, discovering that suffering brings nothing good, not even to the sanctity of poetry.

The deadliest act of terrorism in human history claimed nearly 3,000 lives and injured thousands more, including 344 members of the New York City Fire Department. The collapse of the towers released vast clouds of dust that covered hundreds of densely populated city blocks in ash, debris, and toxic particles—asbestos, silica, metals, concrete, and glass. In the aftermath, an estimated 400,000 people in New York City were exposed to hazardous contaminants, faced risks of physical injury, and endured extreme physical and emotional stress in the days, weeks, and months that followed.

The collective fury of those days transformed into war. In a survey conducted in early 2002, only months after hostilities began, 83 percent of Americans supported the U.S.-led campaign against the Taliban and Al-Qaeda in Afghanistan. Osama bin Laden was killed on May 2, 2011. The twenty-year war ended with the complete withdrawal of American forces and the restoration of Taliban rule.

Between 2001 and 2023, more than 940,000 people were estimated to have been killed by direct war violence in Iraq, Afghanistan, Syria, Yemen, and Pakistan—more than 432,000 of them civilians.

Manhattan became an island between East and West—a metaphor of contrast and a symbol of itself. Ground Zero was mythologized, transformed into a site of modern pilgrimage. According to Professor Julia Sonnevend, five dimensions determine the durability of international news: a core narrative is formed; it is then universalized; a mythic message emerges; the message condenses into a simple phrase, a short story, and a recognizable visual image. All these criteria were fulfilled by 9/11, and New York once again became the center of the world.

The city also became the gravitational center of my own thoughts. I decided to move there—if not physically, then in imagination. In my mind, I lived in a small apartment on the corner of 21st Street and Seventh Avenue. From that inner exile arose poems—written naively, directly, through the eyes of a child, through collective trauma, and through a critique of the West's dual nature.

The collection was written in my twenties, on an island accessible only through imagination.

Now, nearly a quarter century later, as the collection appears in print, the wounds remain open. The divisions within American society and the widening gulf between East and West are once again urgent and unmistakably alive.

My personal story intertwines with these events. The summer of September 11 came only ten years after the summer of the war I myself had lived through. With Slovenia's independence from Yugoslavia after the fall of the Berlin Wall came a brief but complete war—one summer long, yet containing all the tragedies that war can hold.

My hometown was bombed several times because a radio tower stood in the field before our high-rise. I spent my childhood in an apartment atop the pointed, almost Kafkaesque tower. My father narrowly escaped death; for a time, both my parents were listed as missing.

For years after the war, I dreamed the same dream: I am in the tower and see a burning plane crash behind the neighboring housing blocks. I run toward it to help—but it is already too late.

Only recently, during a low flyover of fighter jets in Vienna for the National Day parade, did the buried trauma resurface, leaving me in shock. The war I had experienced as a child had left an unconscious scar. The images of the burning Twin Towers reopened those old fears—the burning tower of my childhood. The connecting element was undeniable. The unconscious had fused the images, shaping my lifelong fascination with September 11 and with New York. The tower burns, collapses, rises, and burns again—as the towers of my childhood once did.

The poems in this collection have received numerous awards, both nationally and internationally.

Tower No. 1

1991

It was a holiday—"Nationalfeiertag," the National Holiday. The day when Austria celebrates its neutrality, holds a parade, and shows off its tanks, helicopters, and military equipment on the same square where, years ago, Hitler gave his infamous speech. It leaves visitors— or maybe just me—every year with a bitterness in my mouth, or more precisely, a feeling of horror. People were joyful, laughing, eating Käsekreiner, and placing their children on tanks decked out with ammunition. A real family holiday that places me right in the middle of a nightmare. Children with little flags sat on tanks, proud mothers standing beside them, smiling. A celebration of a new Anschluss, at least for one day of the year.

We were walking down Argentinierstrasse in Vienna, holding hands and talking. The sky was torn open by jet fighters, their roar unlike anything else—the white noise of engines thundering from above and the black shadows of low-flying planes trailing behind them. I froze, rooted to the spot, speechless. As if someone had flipped a switch inside me.

"What's wrong?" she asked.

But I just stood there in the middle of the street, face turned upward, gasping for air and for words. My legs were mute and clumsy—as if my limbs had suddenly grown several meters longer.

"Are you okay?" She put her hand on my shoulder.

"I don't know," I replied. "Maybe I'm reliving some trauma I didn't even know existed."

"They're just planes. It's for the parade."

"I know," I said, still trembling.

By coincidence, the war in the Balkans began exactly on my seventh birthday. It was a hot yellow summer day—the sun, at the end of the eighties, looked like the sun in Czechoslovak cartoons: just a mono- lithic disk in the sky, like a plastic token for city transport in Ljubljana.

During lunch in kindergarten that same day, it really began. Two Ser- bian MiG jets broke the sound barrier and dropped bombs on a radio transmitter a few hundred meters from the kindergarten—imprinting in me the taste of makaronflajš forever, like a seal. We dove under the tables and were later rushed into the shelter. The children were terri- fied. There was no electricity. The janitor was cranking a big blue dy- namo with both hands, and the light bulbs flickered with weak, trembling bursts of light. We huddled together on makeshift bunks, crying and screaming. News came from somewhere that the radio an- tenna had been bombed. My best friends—twins whose father worked at that radio tower—were horrified. I held one of their wet heads tightly, comforting him as he sobbed, convinced his father was dead.

Later that same day, I celebrated my birthday. We lived at the top of a tall tower. My mother had bought me a cake, and I had invited all my friends to the party. I remember the decorated table with a red floral tablecloth, the cake, plates, and little red plastic forks with small han- dles; the open front door; the silence of the hallway; the yellow sounds of the corridor. I sat at the table waiting—and no one came. I waited, still and stiff. They'll come, I was sure of it. I sat motionless at the fes- tive table for hours. When the air-raid sirens began to howl, a big hys- terical hand grabbed me and carried me toward the stairwell.

Because of my fear of elevators, I walked for years up the thirteen floors of that tower on foot, peeking through the elevator gaps at the faces of people who lived behind all those doors—people I never knew. The staircase wasn't empty that day. Hundreds of people were tumbling down the stairs like a stream over stone steps. I broke free from the hand and ran ahead—I wanted to be first. "Come on!" I shouted. "Come!" In my childish naïveté, I believed they had all come to my birthday party.

Then the first explosion hit. People started screaming, shoving, pushing. The second blast came—swollen, bandaged ankles, rushing legs, all hurrying to the basement, into the dark shelter. Their pupils widened, their hands trembled. Breathless, they huddled in the thinnest silence, crouching with their children on their knees among sacks of potatoes. Someone brought in a battery-powered radio, and a smoky voice from it articulated the events in strict tones. I was the only happy face that day among the shadows of faces, as sunlight streamed through the basement windows, wrapping their heads in a thick yellow glow.

Tower No. 2

2001

THE CONNECTION

Forests shivered in Chile,

air was absent in the night.

Lids, cones,

fires muted by the tent.

The back fell asleep beneath torrents of water.

They were laying electric cables,

reels of northern lights,

Tesla borealis.

Everyone craved the touch of roots in beds,

gliding clouds on peaceful waters,

armies spawning into sand.

Launching God, Medusa's dream,

depth of atmosphere,

oxygen propelled

in the piston,

spark.

And then it rained.

COWS

The oracle sees the future,
because he's blind.
—Unknown

Tinka rings to cattle.

Cold and dreamy cows, like an early morning wake.

The sun bites sidewalks and forgets the moon.

Bells tremble on eyelids,

swollen, hanging on bus posts,

heading to the first coffee house like the beef.

Clogs are thrown behind the counter,

with some smoke, straw, and daily papers.

Chew the first news with its bells,

chew it well with hunger and with spit.

Cows can block this city.

Eyes watch themselves in coffee cups.

Farmers will stop on every street.

Electric shepherds put up fences,

meadows will be soaked in milk.

THE BLACK SEA WENT SILENT

Joggers and dogs were deposited by night,
spilled like plankton with the sky.
Planes slowed down their burning bodies,
scratching eel-shaped stains on the horizon.
On Long Island, tugboats are roaring.
Their subtonal music excites the willows.

The neighbor puts his flag away
and sweeps the dust.
Oil salesmen raise prices at midnight,
people prefer licking ice cream.
Couples cling to their bodies in the park,
and Arabic horses twitch
when the whip silently cracks in hot air.

Firemen play poker on standby.
Night people come out of canals,
boxes, streets, from everywhere—
polling places are being closed.
Taxi drivers drive well-dressed girls
downtown for a drink and small chat.

Small fishes mingle with big ones.

Cans are filled in ports,

clocks show well and plenty.

Alarms are wound up.

A motorist crashed into a pedestrian two blocks away;

he limps and goes home.

Cats are on heat, and birds move north.

The moon rises in Newark

—morning.

I WATCH THE TOWERS BURN

Burn like a well-lit tobacco roll,
like greasy oil in the morning sun.
Towers burn. I watch.

Towers burn, collapse and burn again.
Seagulls fly among human birds.
Towers burn, and the sea is drying up.
Fish corpses pile up in Manhattan Harbor,
turning into oil.
They burn well, slips my mind.

And the sun rose in the west.
The towers stood up
and threw their burning light on the east.
Human flocks lost lift,
crashing into the sand.

I watch—the towers burn,
fall, rise and burn again.
The tree above me is charred in the harmattan—

in the hot wind from the desert,

in the hot wind from the stone island.

It came from the east and from the west.

The tree is burned down.

No bird can sit on it.

SEPTEMBER

We saw

clouds sticking to glass,

small thoughts pushing themselves down the street

for a sentence or two.

A firework of images exploded before our eyes—

rabbits jumped from yellow cars,

a bunch of windows opened into air.

We saw them holding birds to food

and forcing the concrete down,

not letting it escape into the sky.

THE BLOW

Mirrors of distorted views,
reflections of cold water drops
falling into streams that flow out onto a field.

There was too much light to read,
too much sun on stairs two blocks from here.

In shadow sat a man with winter fruit,
his skin cracking into crumbs.
A hundred messiahs descended on the sea,
faces staring at themselves in palms.

Holy water is not for drinking.
We only had to open up
and shut our eyes.

BABYLON

We traveled far,
we traveled south.
The train—our uncompromising body,
like a letter from Broadway.
Old closets full of pleasant people,
with titles and bitten smiles.

Young coal sellers singing,
windows and bells tossing above them.
We stood, legs prolonged,
inviting birds to come.

Then thunder of sweet water,
friction in concrete layers.
Stubbles of rough tongues,
dusty tingling.

The pressure in the ears was hollow.
I saw the silent views of mouths,
twitching muscles.
The city grew in cycles.

Babylon torn down before sunrise

for the transition of transparent thoughts.

A single scream was enough,

and languages dissolved themselves.

ALL WINDOWS REMAIN OPEN

No doors, emergency exits,
run, run.
Twice to the right, and you're again in the west.
Arrive at the island below deck,
where time runs in waves,
to catch a moment.

So many windows hang in the air,
they were supposed to overheat.
Metal, light,
bright star, Cape Canaveral,
Europa would donate all its parks
for a bang like that.

Distances on the underground map are not real,
but still accurate.
Lies run faster under ground,
demolished faces are clear.
Every foreigner understands where he has to go,
because one flag is enough for us all.

RIVER CARVED THE ROCK

The gathered stones,
terns nest in cliffs.
People descend into the underworld—
black faces, black hands,
carts brimming with coal.

Birds flew low today,
the sea foamed under the sun,
concrete tracked beneath it.
The electricity flickered—
on and off.

Ferries flew rare, flew slow,
laden with words.
Someone pulled the fire extinguisher,
and everything turned white.

A false alarm.

I remember an old man,

shining in the dusk.

People played, children hid.

No shot,

no rain,

no cut.

We strayed into the bars.

No one slept.

We were white,

nothing else,

just white.

THE AFTERNOON QUAKE

The depth of the harbor is measured every night,
and the Mariana Trench opens for a fist.
Phases of dreams disconnect
as the ground turns.
The hatchery of pulses
halts the movement of foundations,
the resistance of continents.

I saw a man tasting words
like memories of childhood crumbs.
Dusk can quickly establish contact,
and morning reconnects the broken air.

ICARUS FROM MANHATTAN

Climax of slick shoes,

wings attached with wax.

When falling, you are flying.

Meanwhile streets are overflowing

like meanders of Macedonian rivers,

stream upwards

and you wake.

Phones still in midair,

tie within propeller

of a glass engine,

summer is approaching exit.

The sun needs precisely seven seconds

from Africa to reach.

Gravity is weak.

Dogs wake into barking.

There is enough wind in a room for a breath.

You fly and rise.

Daedalus has died alone.

THE EVENING

There's enough water in the south winter's fountains,
enough military tin for breakfast, Maria.
Tonight, there will be a bird inside you
and enough grain to stop the traffic.
There will be plenty of satellites
and music to make a young body shiver.

Saturday night fever,
loosening glasses and slippery shoes of pure elixir.
Smooth young throat fibrils between flowers.

There is night,
and enough of its dusk
to mix well with gin.
Puerto Rico and jazz are spinning the cats in basements.
Stubble in the swamp is laughing at its hangman.

GALAPAGOS

A new day was conceived
from buried noise.
The year 1428.
Allah, let it be a good year!

A year when the hilly world was not yet discovered by Islam,
and Mohammed is as old as the first Christians,
loaded with animals into the new world,
where it is the new year 07
and there are enough goods to trade.

A stone island discovers the sand island.
The great voyage, five centuries long,
like the life of a Galápagos turtle.

A satellite makes a circle on its mirrored figure.

Dear Earth, I whisper in your ear—
of a new day, in a new year,
good luck!

THE CRACK

It burst in our heads—Dardanelles far—
the reinforced sinking of morning between two worlds.
A hunting ground of shells extracted.
Sumerians rubbed black sea walls.
Noah from Pearl Harbor,
to the east, to a new bridge.

To the point of olive eyes and a golden smile.
A split turkey on Thanksgiving Day,
a block of water, a horse mid-leap.
Rolled maps from two halves,
a bridge across the Bosporus, across the East River.

It burst in our thoughts
traps were triggering in rhythms.

CLOSED EYES

The moon stays visible longer than the sun.
A woman was saved from death
by her silicone implant.
She was saving the lives
of restless soldiers
from restless soldiers—
her big breasts.

Stone island, sand island,
genesis and apocalypse,
Hudson River, Tigris, and Euphrates,
sharks and thorned limbs.

In between, gallows without images,
searching for a god and not an image.
God is with and without image
in Times Square.

An individual in an hourglass,
time passing with small footsteps,
until he is buried under snow.

I SHOT A GOD, FULL STOP.

I shot a god, with small initials.
I shot a god in the name of God.
I shot a god. Full stop. Exclamation mark.

I see us demolishing sandcastles,
kicking soil into the sea, waiting for a flame
to turn the earth into a playground.

We move European cells for marbles,
fireworks from the east.
Marco Polo buys gunpowder in the market.
Humid nights, wounds, mosquitoes—
all warm, crossing zones.

My god doesn't speak.
My god doesn't understand.
My god is from your master's house.
My god is dead.
Your house is mine.

ATTENTION, HERE I COME

Un loco entering your homes—
with arch, with loop, get ready!
On your chest, a child,
a heavy word.

Almost there.
If you fall asleep,
I come to you as a flying bird.
Recharge your ammunition!

I come with race, plague, wild Ebola—
through the back door,
with an Arab face, with a hand of vengeance.
Un diablo!
In a fresh shirt, with a calm walk,
I fall into your lap.

Before sunset,
before the dawn rises,
I enter striped-flag homes.
Every day, in a coffin,
I come like one of you.

MARATHON

#1

We were running along the coast of town,
our hearts moving in pulse.
One man and the bay would change its name.
Spines, thorns, a firm rhythm in our ears.
We jumped minefields of youth,
suburbs of slackers—
we, the iron icons.

A run without sense,
a run within a circle.

Muscles flexed
and stayed cramped.
No longer small,
no longer small steps.
We ran in the opposite direction,
to the heat of Mott Haven,
from home to the shadow of rocks,
past the backs of stretched gringos,
over maquis slain under strokes.
We would understand

if there weren't any
steps behind us.
We ran,
we, exhausted dogs.
You stop, you die!

We ran in circles,
we ran too far.

#2

We ran in circles,
we ran till dawn.
Legs in sand prolonged,
St. Antony's limbs
into fisher's fountains
with our greasy toes.

We ran in Poitiers,
just grey fields and lines,
marbles with dynamite,
children's bombs.
Strange animals turned to the south.

#3

Fist of elbows,
joints of one-sided roads,
fluffs of foam and recessed roses.
We, los moros,
refugees from the Saracens.
We ran our silent marathon in hiding.

We, speeding targets in the field,
ran, attached, away from ourselves.
Funeral processions,
convoys with Italian feathers
and water flasks stuffed with icons.
There was a great difference in pressure
in the Himalaya suburbs.
Our paths went silent.
We threw nets from the hills,
covering caves with our hands.

Our goal was behind us,
we ran in place,
we ran like mules.

PASSING BY, PASSING BY

Silk routes, amber routes,
fragrance paths,
Chanel No. 5.
Draw my price: buy, don't buy.
Ramadan without corn, without extra virgin oil.

Mill's strokes, ignorant pilgrims,
migrations—the swing is full.
The heavy boat of memories.
Enter Al Mahdi,
come as several, come as one,
on the path to Harlem, to Little Odessa,
with jazz, a tin boat, a watch, and opium.

Adhan from the East and ringing from the West
fight over the sparkling sea.
Hairy spear shavings and Moroccan goods
passing by.
Red carpets in ditches,
five times a day.
New Communist,
new guy with a five-pointed star,
crescent instead of sickle.

New threat, new death.

Ground Zero trembles.

Underneath, hordes of foreigners

run headfirst into a new path.

PERMEABILITY

Roofs of crispy houses,
flying dragons out of summer.
Dust is sticking to the floor.
I slip through the city.

There are exactly six routes
how to sink to the underground,
past the demonstrators,
dressage horses, Czech immigrants in
the new Prague spring.

Japanese cherries in the park blossom too early this year.
Doorman in the museum touched Mars,
it moved, no one noticed.

Corners border corners.
Last house corners on the
suburbs and the sea.

In New York, compositions
take away the silent ones,
disabled people with badges, the clean shoes.
Who would speak to you about another world?

WHAT IF I DON'T MENTION THE SKY

That will fall in the morning.
In the dusk, the comets are fired,
wind turning the low waters of the south stream.
Somersaults in people's beds sink into dreams.

I won't waste my tongue's turns.

Our body is our home.
Birds settled in bones, copper words.
We melt reels of sentences
with open throats.
By practicing
breathing,
tasting time.

TODAY THE FERRY

Full of stretched arms,

it is not going to come.

Spaghetti wormed in the wok,

basil, cypress, and snow.

Maria hangs the laundry on balconies,

white shirts, socks from drawers.

Children in the kitchen fight the Devil.

Streets are wide, cars and wheels are

breaking hydrants.

Boiling water rises in the spring from vapor,

corners catch fire,

slippery hips,

and non-grouted bricks of loose teeth.

Mosquitoes crawl from closets,

when Maria lifts her skirt.

Rifles kept in safe places,

knives for capers, for the meat.

In the night of St. Lawrence,

the sky is open for a leap,

when no one locks the door from children.

CITY

Repeat your steps,
far away from the water,
washed ashore from algae,
dried on desert sand.

In the underground, shells grow,
trembling from the tides of people.
The bird of the Apache totem
carries a cloud of locusts.
Gather cockroaches from the corners,
accustomed to their death.

In the city of holy war,
the apple is sold to Aphrodite
once, twice, three times.
The streets are filled with shadows,
bodies covered with shattered stone.

Autumn arrived early in the shop windows.
Swallows hid in the willow thickets of skyscrapers.
The air bent under the weight of song.

DRAFT WAVED

The old apartment on the corner of 21st and 7th Ave.
I should support my bed with black pine logs,
karst is too bare.

I drink the juice from squeezed oranges,
coffee and antibiotics,
so that I have the guts to go out.
African Ebola, New York Times
with a caricature warmed in the oven.

This summer sun is burning posts,
flags, and people waiting in line
for fish at the docks, like they're waiting for a train,
for Trieste sauce of nonna.

The majority of neighbors believe in success.
Who can blame them?
Something will grow out of the soil,
there's enough fresh wind for insemination.
Absolute security still raises a wave or two.

The foundations are three stories deep in the ground.
You get dizzy if you think about where the water disappears
when falling through the sink.

There are enough rules to make a good café
and stand up from an altar to reality.
Sleepers, still warm,
as if they were made yesterday.

THE ISLAND

On the island, every evening there is a fire in a house or two.

An inside flame, people with black skies, sparkling.

vehicles with priority sink between houses,

wide sidewalks, rosemary paths.

House windows turn on, boats flow to fish,

and wives stay at home.

Underwater tunnels, flocks of cold fish into restaurants.

Mexicans with winter hands wake at night.

We can all confess, our river is behind us,

already moved into a new time.

Only a change can point us from standing to the throat and out.

So we can swim back home onto our parent's bed

on the island of shame, where children's tears can be smelled.

And only we can come to its end,

or make a new one.

THE ZOO

Homeless nights swarm in the tree of voices.

Africa forces its way into mountains of water traps.

The heart is sweating under a coat.

Climb and open your wound.

Frozen delivery from Alaska,

Muslim animals with clean paws.

Build a wall to save nature.

Fulfill the unrest in a field of eyes.

Rilke chokes on a rib.

Doors to the dream world are put on exhibition.

The caterpillar waits for an overflight of light

to put its face on.

Machines tremble the arctic snow.

Manhattan of faces,

half island, half world.

LONG ISLAND

Wake up in a bright bed,
dreaming; the day is still to come.
Want some view from the terrace,
jasmine tea, wait for the bluster.

The room has few paths:
the window, the table, and back.

The sun has twelve steps to drown.
At night, the tree leaves turn to the east.
Each has an old man lying in the corner
and grabs him when caught in a conversation with himself.

The whole world is running left,
and the clock on your hand is running right.
Time falls in rivers,
and at the end,
in drops, covers your face.

Streets are full of spokesmen during the day.
I would like some silence, sharp as night,
and rest after the work is done.

STATEN ISLAND

Women in bars play bingo,

and the landscape is a needle pointing north.

Grow apart from falls, from attached ropes,

children run free on the banks.

Clouds travel from factories

to wastelands,

to the seamen from Okhotsk.

You can feel the waters

and animals from the depths.

We turn the compass on ourselves.

The end of our trip

will be the recognition of our home for the first time.

SEA FULL

You wade to the first gardens,
house numbers lined like sequoia avenues
in a yearly schedule.
We could lash the boats to staircases
and wait for the rise and fall of people toward evening.

Drains are getting full—oysters, wooden timbers,
windows open for the welcome.
The fire staircase swings, rocking to the next block.
You fall for a moment,
the sun makes a circle on a spot,
the sky is torn from the ground.

THE SIN

We never learned
to unleash all that rage at once.
And meadows by the public school of Monterey Bay
stay just meadows.

Hasan, his Yankees hat,
always in the back row,
no one knows he outgrew
his cousin in Tehran by five inches.

Archer from the rush,
dead fish, houses in trees.
Rubbing teeth before bedtime,
takes the scissors, thread to the east.

Clocks, trains, touched by
any corner of the cell,
transforming
H_2O to sugar.

He will find the source, habibi, stream
in a book of nightingale,
Here he's just a student,

a flying paper.
Laughter hid our fear.

God forgives, if you're a man,
a woman opens you her veil.
Hasan did,
knocked down Eve in the meadow,
knocked down leaf,
knocked down fire.
We never learned.

THE CROSSROAD

The city has twelve doors
to enter, without going home.
Power lines stick to soles.
Supplements from dreams cling
to porcelain buttonholes,
crumbling on trains,
on floating basements.
This is your home now, a home at junctions,
fastened in rain, on telephone lines.

And when illness is your guest,
twelve doors become the warning.
You make parks out of overheated boot soil,
thorns of sand, juicy fruits of Cuban nights.
An island and some more directions,
the whole world a couple of views away.
You smell bays, still boiling regions,
footsteps are setting,
when you decide to rest.

AMERICA, THAT'S NOT ME

I stand out from evening conversations.
Macaroni & cheese is the cheapest thing I can swallow.
When I close my eyes, Manhattan will sail away.

Gallerie shoes, granite humbling,
I turn myself in to take away the garbage,
clean the trees, the roots.

Skopje will send some kajmak cheese
in a coffee can, firewood, and a package of Drina cigarettes.
Every letter could be the last.
Today, this is the only thing that can happen to me.
I overcome measles in kindergarten.

The sun moves at a right angle and falls.
Africa in the north, China in the south.
Do not walk.

TOM

You should move out,

forget the land, or carry it with you,

like Mongols.

How big is your apartment on 26th Street?

A couple of squares and a cat,

that watches the mirror when you wake up.

Your shoes lift an enormous weight,

but stay still when it's time to go.

You forget the child,

comics and cereals under the bed,

when you take your dog into the autumn.

IN HALF SLEEP

I tumbled back,
from the bed behind my neck
to the window, across
the street, a peso, two.

In the canal train, among pillars, a man, tact
on shoe dirt from the park.
The seed is coming from the east
on the sky, latte, cappuccino, shout,
a face in the zenith.

Dreams stretched across the river
to some kites in flying May.

SMELL YOUR FEAR

That's stuck inside you.
Stare at your neighbor, crawl.
Recycle the air gathered
in Central Park.
Chronically repeat your moves,
and jump from windows.
Die before evening,
see God
and believe in Him.

Andrej Grilc (b. 1984) is a Slovenian award-winning writer and photographer based in Vienna. He is the author of "Synapsis" (2003) and "The Girl Who Laughed Too Much" (2019). His poetry has been featured in over 35 international literary journals and anthologies. Grilc has received multiple accolades, including first prize in the Tracce International Poetry Competition in Italy and recognition for the best original manuscript from Ekslibris Publishing. He has also completed more than 50 international projects that explore the intersection of literature and visual art.

Andrej Grilc (rojen 1984) je večkrat nagrajeni slovenski pisatelj in fotograf, ki živi na Dunaju. Je avtor del Sinapse (2003) in Deklica, ki se je preveč smejala (2019). Njegova poezija je bila objavljena v več kot 35 mednarodnih literarnih revijah in antologijah. Grilc je prejel več priznanj, med drugim prvo nagrado na mednarodnem pesniškem natečaju Tracce v Italiji ter priznanje za najboljši izvirni rokopis pri založbi Ekslibris. Izvedel je več kot 50 mednarodnih projektov, ki raziskujejo preplet literature in vizualne umetnosti.

Stolpa

Andrej Grilc

--

Dvojezična
pesniška zbirka

OPEN ENDS PRESS

Posvečeno žrtvam

11. septembra

in vsem, katerih življenja so zaznamovale,

spremenile

ali ugasnile njegove posledice

Takrat ko z visokih oken zrem navzdol čez mesto,
velike stavbe prenehajo biti resnične in se ovijejo v
svojo čarobno moč.
Postanejo brezsnovne; vidno je le žarenje oken v noči.

Plameni so—kvadrat za kvadratom—vrezani v eter.
Tukaj je naša poezija, kajti z lastno voljo smo si priklicali
zvezde z neba.

—Ezra Pound, Patria Mia

Predgovor

To leto mineva 25 let od smrtonosnega terorističnega napada 11. septembra, ki je pretresel svet in zamajal temelje varnosti ter zaupanja. Šokantni dogodki tistega dne so se vtisnili v spomin ne le Ameriki, temveč celotnemu zahodnemu svetu kot kolektivna travma.

Leto pred napadom je po socialno-ekonomskih standardih predstavljalo vrhunec neoliberalizma in zlate dobe miru. Človeštvo je beležilo najmanj vojn in največjo blaginjo v moderni zgodovini. Tehnologija in liberalne politike so omogočile skokovit napredek: po poročilu Svetovne banke iz leta 2000 se je življenjska doba v državah v razvoju v zadnjih desetletjih podaljšala za dvajset let, umrljivost dojenčkov in rodnost sta se skoraj prepolovili, število otrok v šolah je naraslo za 13 %, povprečni dohodki so se med letoma 1965 in 1998 več kot podvojili, število ljudi v skrajni revščini pa se je med letoma 1990 in 1998 zmanjšalo za 78 milijonov. Zato je bil padec iz raja toliko daljši in trši.

Če je bil atentat na avstrijskega prestolonaslednika Franca Ferdinanda v Sarajevu začetek 20. stoletja, kot piše Christopher Clark, se je 21. stoletje pričelo 11. septembra 2001.

O napadu sem bil obveščen nekaj trenutkov po tem, ko se je zaletelo prvo letalo. Sestra je bila stevardesa, aktivna tisti dan. Poklicala me je in mi sporočila, da morajo vzleteti, a da jo je strah, ker se je letalo

namerno zaletelo v newyorško stolpnico. Bil sem šokiran, vedel sem, da se dogaja nekaj neponovljivega. Pohitel sem domov, ljudje okoli mene na vlaku so se v kontrastu z mano smejali in uživali v brezvednosti, v zadnjih brezskrbnih urah poletja. Doma sem prižgal televizor tik preden se je nad Manhattnom pojavilo drugo letalo. CNN je poročal v živo in z grozo sem bil prikovan pred televizor. Bil sem sam, takrat 15-letnik. Starši so bili izven države. Sestra je bila prizemljena po letu v Pariz in je dva dni nisem mogel priklicati.

Spominjam se podob gorečih stolpov, nato zrušenih, nato ponovno gorečih in stoječih, ter vsesplošne panike in jeze. Spektakel se je v živo predvajal po vsem svetu in poenotil zorni kot pogleda leta pred pojavom prvih socialnih omrežij.

Napad enajstega septembra je bil največji dogodek naše generacije. Generacije, ki je zrasla v konformizmu in si je na nek način želela vznemirljivosti, revolucij, vojn prejšnjih generacij. Česarkoli, kar bi dalo njeni pišoči mladini možnost višje literature z dodano vrednostjo katarze.

V tem smislu je bil napad na dvojčka največje umetniško delo 21. stoletja, kot se je izrazil skladatelj Karlheinz Stockhausen.

Želeli smo si dogodkov in še prehitro smo odrasli ter spoznali, da trpljenje tudi v najmanjši meri ne doprinese ničesar dobrega, niti v svetosti poklica poezije.

Najsmrtonosnejše teroristično dejanje v človeški zgodovini je terjalo skoraj 3.000 življenj in ranilo še več tisoč ljudi, med njimi 344 članov gasilskega oddelka mesta New York. Zrušitev dvojčkov je sprostila ogromne oblake prahu, ki so prekrili stotine gosto poseljenih mestnih blokov s pepelom, ostanki in strupenimi delci, kot so azbest, silicij,

kovine, beton in steklo. Po napadih je bilo po ocenah približno 400.000 ljudi izpostavljenih nevarnim onesnaževalcem, tvegalo telesne poškodbe ter preživljalo izjemen telesni in čustveni stres v dneh, tednih in mesecih po napadih.

Kolektivna jeza tistih dni se je prelevila v vojno. V anketi, izvedeni v začetku leta 2002, nekaj mesecev po začetku vojne, je 83 % Američanov dejalo, da podpirajo vojaško kampanjo pod vodstvom ZDA proti talibanom in Al Kajdi v Afganistanu. Vodja Al Kaide Osama bin Laden je bil ubit 2. maja 2011. Dvajsetletna vojna se je končala s popolnim umikom ameriških sil in ponovno vzpostavitvijo vladavine talibanov.

Ocenjuje se, da je bilo med letoma 2001 in 2023 v Iraku, Afganistanu, Siriji, Jemnu in Pakistanu zaradi neposrednega vojnega nasilja po 11. septembru ubitih več kot 940.000 ljudi. Od tega je bilo več kot 432.000 civilistov.

Manhattan je postal otok med vzhodom in zahodom, metafora kontrasta in simbol samega sebe. Ground zero je postal mitiziran. Postal je cilj sodobnih romanj. Po Prof. Juliji Sonnevend pet dimenzij določa vzdržnost in trajanje mednarodnih novic. Najprej je treba oblikovati temeljno pripoved, nato se ta pripoved univerzalizira in iz nje se razvije mitsko sporočilo. To sporočilo se nato zgosti ter povzame v preprosti frazi, kratki zgodbi in prepoznavni vizualni podobi. Vsi kriteriji so bili pri 9.11. zadoščeni in New York je ponovno postal središče sveta.

New York je postal tudi težišče, kamor so migrirale moje misli. Odločil sem se, da se preselim v NY če ne drugače vsaj v mislih. Tako sem v majhnem stanovanju na vogalu 21. ulice in 7. avenije bival samo skozi domišljijo. Iz tega notranjega izgnanstva so nastale pesmi, napisane

naivno in neposredno skozi oči otroka, skozi kolektivno travmo in kritiko dvojnosti Zahoda.

Zbirka je bila napisana v mojih zgodnjih dvajsetih na otoku dostopnem le meni.

Ob izidu zbirke, skoraj četrt stoletja pozneje, so rane še vedno odprte. Razklanost ameriške družbe in prepad med Vzhodom in Zahodom so teme, ki so ponovno aktualne in žive.

Moja osebna zgodba se prepleta s temi dogodki. Poletje 11. septembra je bilo šele deset let odmaknjeno od poletja vojne, ki sem jo tudi sam doživel. Z osamosvojitvijo Slovenije od Jugoslavije po padcu Berlinskega zidu se je začela vojna, ki je kljub kratkemu trajanju, eno samo poletje, vsebovala vse možne tragedije, ki jih običajno vsebujejo vojne.

Domače mesto je bilo večkrat bombardirano, ker se je na polju pred stolpnico nahajal radijski stolp. Oče se je le za las izognil smrti in oba starša sta za nekaj časa veljala za pogrešana.

Otroštvo sem preživel v stanovanju na vrhu sosednjega špičastega, skoraj kafkovskega stolpa.

Leta po vojni so se mi ponavljale vedno ene in iste sanje. Sem v stolpu in vidim letalo, ki goreče leti in se zruši za sosednjim blokovskim naseljem. Stečem nasproti v pomoč, a je že prepozno.

Šele pred kratkim je nizek prelet reaktivnih letal na Dunaju, v okviru praznovanja nacionalnega dneva, razkril skrito travmo in me pustil v stanju šoka. Vojna, ki sem jo doživel kot otrok, je pustila nezaveden pečat. Podobe gorečih dvojčkov so odprle staro travmo podob in strahov gorečega stolpa iz otroštva. Povezovalni element stolpov je bil

neizpodbiten. Nezavedni del je povezal podobe in narekoval mojo fas-
cinacijo z 11. septembrom in New Yorkom. Stolp gori, se ruši, vstaja in
ponovno gori, kot so goreli stolpi mojega otroštva.

Poezija iz zbirke je bila na domačih in mednarodnih tekmovanjih
večkrat nagrajena.

Stolp Št. #1

1991

Bil je praznik, Nationalfeiertag — dan, ko Avstrija slavi svojo nevtralnost in priredi parado za razkazovanje svojih tankov, helikopterjev in vojaške opreme na istem trgu, kjer je pred leti Hitler držal svoj znameniti govor. Obiskovalce to navdaja s ponosom—mene pa vsako leto z grenkobo, skoraj grozo.

Ljudje se smejijo, jedo Käsekreiner, dvigajo otroke na tanke, okrašene z naboji do zob. Pravi družinski praznik — groteskna verzija nedeljskega sejma, ki me prestavi naravnost v sredino morastih sanj. Otroci z zastavicami na tankih in ponosne matere, ki stojijo poleg in se smejijo. Praznovanje novega Anschlussa za vsaj en dan v letu.

Hodila sva po Argentinierstrasse, se držala za roke in pogovarjala. Nebo je pretrgal zvok reaktivnih lovcev—grom, ki se ti zažre v prsni koš. Bel šum, ki ni podoben ničemur drugemu. Sence letal so švignile čez fasade in jaz sem obstal. Nem. Kakor bi nekdo ugasnil stikalo.

„Kaj je narobe?" je vprašala.

Stal sem sredi ceste, z obrazom obrnjenim proti nebu, lovil sem zrak in besede. Noge so postale težke, okorne, kot bi bile moje okončine naenkrat par metrov daljše.

„Je vse v redu?" me je prijela za ramo.

„Ne vem," sem rekel. Verjetno sem podoživljal travmo, za katero nisem vedel, da sploh obstaja.

„Saj so samo letala, za parado," je rekla.

„Vem," sem odgovoril, še vedno tresoč.

Po naključju se je vojna na Balkanu začela točno na moj sedmi rojstni dan. Bil je vroč, rumen poletni dan. Sonce konec osemdesetih je bilo podobno soncu v čehoslovaških risankah—le monolitni krožec na nebu, kot plastični žeton za mestni potniški promet v Ljubljani.

Med kosilom v vrtcu je počilo. Dva srbska Miga sta prebila zvočni zid in bombardirala radijski oddajnik nekaj sto metrov stran in za vedno vtisnila vame okus po makaronfla(j)šu kot pečat.

Popadali smo pod mize in bili potem potisnjeni v zaklonišče. Elektrike ni bilo. Hišnik je z obema rokama vrtel velik moder dinamo in žarnice so oddajale migetajočo, medlo svetlobo v sunkih. Otroci smo se stiskali na zasilnih pogradih, jokali in kričali.

Od nekod je prišla novica, da so bombardirali radijsko anteno. Moja najboljša prijatelja, dvojčka, katerih oče je delal na tej radijski anteni, sta se tresla od groze. Močno sem stiskal mokro glavo enega in tolažil drugega, ko sta ihtela, prepričana, da je njun oče mrtev.

Kasneje tistega dne sem praznoval rojstni dan. Živeli smo v trinajstem nadstropju na vrhu stolpa—najvišje zgradbe v mestu. Mama mi je kupila torto in povabil sem vse prijatelje na rojstnodnevno zabavo. Spominjam se okrašene mize z rdečim prtom z rožami, torte, krožnikov in malih rdečih vilic s plastičnim držalom. Spominjam se odprtih vhodnih vrat, tišine hodnika, rumenih zvokov stopnišča. Čakal sem za mizo in nihče ni prišel. Čakal sem tiho in togo. „Prišli bodo," sem bil prepričan.

Čakal sem nepremično sedeč za praznično mizo ure in ko so začele tuliti sirene za zračni napad, me je zgrabila velika histerična roka in

me nesla na stopnišče. Zaradi strahu pred dvigali sem nekaj let hodil peš v trinajsto nadstropje stolpa, kukal sem skozi reže dvigal in opazoval obraze ljudi, ki so živeli za vsemi številčnimi vrati, a jih nisem poznal.

Stopnišče tokrat ni bilo prazno. Na stotine ljudi se je kotalilo po stopnišču navzdol kot potok po kamnitih stopnicah. Iztrgal sem se roki in stekel naprej—hotel sem biti prvi. „Pridite!" sem klical, „pridite!" V moji otroški naivnosti sem verjel, da so vsi prišli na moj rojstni dan.

Nato je počilo prvič. Ljudje so pričeli kričati, se prerivati in potiskati. Počilo je drugič. Otečeni, poviti gležni in noge so hitele proti kleti v temno zaklonišče. Širile so se njihove zenice in drgetale njihove roke. Brez diha so se stiskali v najtanjši tišini s svojimi otroki, čepe na kolenih v hladni kleti med krompirjem. Nekdo je prinesel tranzistor na baterije in zakajen radijski glas je s strogimi besedami artikuliral dogajanje. Bil sem edini srečen obraz tistega dne med sencami obrazov. Čez kletna okna je sililo sonce in ovijalo naše glave v gosto, rumeno svetlobo.

Stolp Št. #2

2001

STIK

V Čilu so se tresli gozdovi,
zrak je izostal v večeru.
Pokrovke, storži,
ognji gluhi pri šotorih.
Hrbet je zaspal pod bari vode.
Polagali so kable,
tuljave severnega sija,
Tesla borealis.
Vsak si je želel dotika,
korenin v postelji.
Drsenje oblaka mirnih vod,
drstitve vojsk v pesek.
Splav boga, meduze sanj,
globina atmosfere,
nasičenje kisika,
v batu,
iskra.

Nato je deževalo.

KRAVE

Orakelj vidi prihodnost,
ker je slep.

—Neznan avtor

Tinka zacinglja v govedo,
hladne se že zgodaj zbujajo sanjave krave.
Sonce ugrizne v pločnik in odmisli luno.
Zvonci tresejo zatekle veke,
obešeni za droge avtobusa, se pomikajo do prve kave,
kot govedo.

Cokli mesta vrženi za pulte, rjaste odtoke,
z dimom, slamo, dnevnim časopisjem.
Prežvečiti prvo drobno vest, z zvonovi,
prežvečiti dobro, z veliko sline.

V kavnih usedlinah se ogledujejo oči.
Zasedle bodo krave mesto.
Živilski vagoni v vsako ulico,
električne pastirje na ograje,
travnike bo poškropilo mleko.

UTIHNILO JE ČRNO MORJE,

večer na ulice naplavi jogerje in pse,
razlijejo se kot plankton z nebom.
Letala upočasnijo goreča telesa
in rišejo jeguljaste srage po obzorju.
Na Long Islandu hrumijo vlačilci.
Podtonska glasba nosi lastovke v vzburjeno stanje.

Sosed pospravi zastavo z okna in
z nje pobriše prah.
Prodajalci olja ob polnoči dvignejo cene,
ljudje jedo raje sladoled.
V parku se pari oklepajo teles
in arabski konji trznejo,
ko bič neslišno poči v vročem zraku.

Gasilci igrajo poker v pripravljenosti.
Nočni ljudje s kanalov, ulic, škatel, od vsepovsod,
volišča so zaprta.
Taksisti vozijo dobro naličena dekleta
v downtown na pijačo in sproščen klepet.
Majhne ribe se mešajo z velikimi.
V pristanišču se polnijo konzerve,

Ure kažejo dobro in veliko,
budilke so navite.

Motorist v bližini zbije pešca,
šepa, kmalu bo odšel domov.
Mačke se gonijo in ptice se selijo na sever.
Mesec vzide v Newarku,
jutro.

GLEDAM, STOLPA GORITA

gorita, kot dobro prižgan zavitek tobaka,
kot mastno olje na jutranjem soncu.
stolpa gorita, jaz gledam.

Stolpa gorita, se rušita in ponovno gorita.
Galebi obletavajo človeške ptice,
stolpa gorita in morje usiha.
Ribja telesa crkujejo ob obalah Manhattna
in se spreminjajo v nafto.
Dobro gorita, pomislim.

In sonce je vzšlo na zahodu,
vstala sta stolpa in metala
ognjeni sij proti vzhodu,
da so jate človeških ptic
izgubljale vzgon in se rušile v pesek.

Gledam, stolpa gorita.
Se rušita, vstajata in ponovno gorita.
Drevo nad menoj je zoglenelo v harmatanu,

v vročem vetru, ki ga je prineslo s puščave,

v vročem vetru, ki ga je prineslo s kamnitega otoka.

Prineslo ga je iz vzhoda in iz zahoda.

Ne bele ptice, ne črni mzungi, ne sedajo več nanj.

SEPTEMBER

Gledali smo,
kako se oblaki lepijo na steklo.
Majhne misli so se prerivale po cesti,
za stavek ali dva.

Ognjemet podob se je razpočil pred očmi,
zajci iz rumenih avtomobilov,
šopki oken so se zvrnili v zrak.
Videli smo kako držijo ptice h krmi
in silili beton navzdol,
da ne pobegne v nebo.

ZRCALA IZKRIVLJENIH PODOB,

podobe mrzlih kapelj,
potokov, ki se iztekajo na polje.
Svetlobe je bilo preveč za branje.
Sonca na stopniščih, nekaj ulic stran.

Med prazniki obstajajo obredi dežja v kleteh.
Zastave so ostale proste,
par dotikov tal.

V senci je sedel človek z zimskim sadjem,
koža mu je pokala na drobtine.
Sto mesij se je spuščalo nad morje,
obrazi so se gledali v dlaneh.
Sveta voda ni za pitje.
Morali smo se odpreti
in zatisniti oči.

BABILON

Potovali smo dolgo,
potovali smo na jug.
Vlak, naše brezkompromisno
telo, kot pismo z Broadwaya.
Stare omare iz njih lepi ljudje
z nazivi in potolčenim smehom.

Mladi prodajalci oglja s pesmijo,
okna, in nad njimi zvonjenje.
Stali smo podaljšanih nog
in privabljali ptice.

Nato bobnenje sladke vode
v cementnih skladih, trenje.
Kolišča hrapavih jezikov,
prašnih mravljincev.

Tlak v uhljih je bil votel.
Videl sem poglede nemih ust,
mišice v trzljaju.
Izza sten je valovilo mesto.

Babilon porušen še pred vzhodom
za prehod prosojnih misli.
En sam krik je bil dovolj
in jeziki so se razpustili.

VSA OKNA SO BILA ODPRTA

nobenih vrat, zasilnega izhoda,
teči, teči
dvakrat desno in spet si na zahodu.
Prispeš na otok v podpalubju,
kjer čas teče v valovih, ujeti
trenutek.

Toliko oken je obviselo v zraku,
morala so se pregreti.
Metal, svetloba,
svetleča zvezda, Cape Canaveral.
Evropa bi podarila vse svoje parke za en sam pok.

Razdalje na karti niso resnične,
a so vseeno pregledne.
Laž pada hitreje pod zemljo,
popačeni obrazi so jasni.
Vsak tujec razume kam mora,
ker je ena zastava dovolj za vse.

REKA JE IZDOLBLA SKALO,

nanesla je skupaj drobir,
čigre gnezdijo v skladih.
V podzemlje se vozijo ljudje
črnih obrazov, črnih dlani,
v vozičkih polnih premoga.

Danes so ptice letale nizko,
morje se je penilo od sonca
in beton je bil utirjen pod njim.
Elektrika se je vklapljala in izklapljala
Trajekti so vozili redko, počasi,
polni besed.

Nekdo je potegnil gasilni aparat,
vse je bilo belo.
Lažni preplah.

Dobro se spomnim starca,
kako se je svetil v temi.
Ljudje so se lovili in otroci skrivali.
Nobenega strela, dežja,

nobenega reza.

Zašli smo v gostilne in nihče ni zaspal.

Bili smo beli, nič drugega.

Samo beli.

OBRATI JEZIKA,

Vsak večer se izmeri globina zaliva
in marijanski jarek se razklene za pest.
Prekinejo se faze iz sanj,
v pritalnih zavojih šepet impulzov
ustavlja udiranje skladov, upor celin.

Videl sem človeka okušati besede,
kakor spomine otroških drobtin.

Ob zori se hitro vzpostavljajo stiki
in jutro poveže pretrgani zrak.

IKAR Z MANHATTNA

Klimaks spolzkih čevljev,
z voskom pritrjena krila.
Ko padaš, letiš.

Ulica pa valovi,
kot meandri makedonskih rek,
tok navzgor
in vstaneš.

Tipke še v zraku,
kravata v propelerju steklenega motorja.
Poletje se je bližalo izhodu.

Sonce potuje iz Afrike natanko sedem sekund.
Gravitacija je šibka,
psi se zbujajo iz sanj v lajež.

Vetra je v sobah dovolj za vdih,
letiš in vstajaš.

Dedal je umrl sam.

VEČER

Dovolj je vode v vodnjakih južnih zim,
dovolj salutirajoče pločevine za zajtrk, Marija.
Nocoj bo ptica v tebi
in dovolj zrnja, da ustavi promet.
Dovolj bo satelitov
in glasbe, da nasrši mlado telo.

Vročica sobotne noči,
majavih kozarcev in spolzkih čevljev čistega eliksirja.
Gladko grlo nežno fibrilira med cvetlicami.

Noč je, dovolj je njenega mraka
in dobro se meša z ginom.
Puerto Rico in jazz vrtinči mačke po kleteh.
Močvirsko strnišče se smeje svojemu rablju.

GALAPAGOS,

nov dan je bil spočet
iz zakopanega hrupa.
Leto 1428
Allah, naj bo dobro leto.
Ko islam še ni odkril gričevnega sveta
in je Mohamed star toliko kot prvi kristjani.
Natovorjen z živalmi v nov svet,
kjer je leto '07 in dovolj blaga za izmenjavo.

Kamnit otok odkriva peščenega.
Veliko potovanje dolgo pet stoletij,
kot življenje galapaške želve.

Satelit zaokroži po tvoji zrcalni sliki.
Draga zemlja, na uho ti šepetam,
o novem dnevu, v novem letu,
srečno.

POČILO JE V GLAVAH,

razpoka, Dardanele daleč.
Armiran zaton jutra na dva svetova.
Lovišče školjk izruvano.
Sumerci drgnejo zid črnega morja.
Noe s Pearl Harborja
na vzhod, na nov most.

Točka olivnih oči in zlatega smeha.
Razpet puran zahvalnega dne.
Blok iz vode, konj v skoku.
Zvit zemljevid iz dveh polovic.
Most čez Bospor, čez East river.

Počilo je v glavah,
v taktu so se sprožale pasti.

NE OZIRAJ SE ZA LUNO,

mesec ostane dlje viden.

Neko žensko je pred smrtjo rešil silikon.
Reševala je življenje nemirnim vojakom
pred nemirnimi vojaki,
njena velika dojka.

Kamnit otok, peščen otok,
geneza in apokalipsa.
Hudson river, Tigris in Evfrat,
sharks in odrezani udje.

Vmes pa vislice, brez podob.
Iskoč boga in ne podobe,
z veliko podobami na Times Squaru.

Posameznik v uri iz peska,
čas drobnih stopinj,
dokler ga ne zasuje sneg.

USTRELIL SEM BOGA, PIKA

Ustrelil sem boga z malo začetnico.
Ustrelil sem boga v imenu Boga
Ustrelil sem boga. Pika. Klicaj.

Vidim nas, kako rušimo peščene gradove,
brcamo mivko v morje, čakamo ogenj,
ki bo zravnal zemljo v peskovnik.

Evropske celice, priseliti za frnikole,
petarde z vzhoda.
Marko Polo kupuje na tržnici smodnik.
Vlažni večeri, rane, komarji,
ogreti prečkajo cone.

Moj bog ne govori,
moj bog ne razume.
Moj bog je iz hiše tvojega gospoda.
Moj bog je mrtev
tvoja hiša je moja.

POZOR PRIHAJAM,

un loco, v vaše domove.
Z lokom, zanko, pripravite se.
Na prsih je vaš otrok,
težka beseda.

Skoraj tam.
Če bo vaš pogled zaspal,
pridem z letečo ptico.
Napolnite strelivo.

Z raso, kugo, divjo ebolo prihajam
skozi zadnja vrata,
z obrazom Arabca, Berbera, Sunita in Šiita,
z roko maščevanja. Un diablo.
Miren v hoji, v sveži srajci
vam padem v naročje.

Še pred zahodom, preden vstane zarja,
v topla domovanja s črtasto zastavo,
v trugi, s tišino,
vsak dan,
pridem, kot eden izmed vas.

MARATON

#1

Tekli smo na obrežju mesta,
srce v pulzu, prestavljeno.
En sam mož in obala bi se preimenovala.
Bodike, trnje.
S čvrstim ritmom smo preskakovali
minsko polje mladosti, predmestje lenuhov,
mi, železni liki.

Tek brez smisla, tek v krogu.
Napenjale so se nam kite in ostajale v krču.
Nič več majhni, nič več koraki.
Tekli smo na drugo stran, v vročino Mott Havena,
od doma v senco kamenja.

Puščali smo ugrize
v makiji poklani pod našimi udarci,
v hrbtih zleknjenih gringov.
Če se ustaviš, umreš.
Tekli smo v krogu.
Tekli smo predaleč.

2

Tekli smo v krogu,
tekli smo do jutra.
Noge v pesku, dolge.
Sklepi svetega Antona,
v vodnjak postrvi.

Tekli smo v Poitiersu
Siva polja, sive line,
frnikole s smodnikom,
mine otrok,
živali čudne, obrnjene na jug.

3

Pest komolcev, spojev stranskih cest.
kosmi pen, udrtih rož.
Tekli smo naš tihi maraton v begu,
mi, los moros,
ubežniki pred Agareni.

Hitre tarče v polje

stekli smo pripeti, stran od sebe.

Sprevodi pogrebov, konvojev,

italijanskih peres s čutarami podobic.

Višinska razlika,

v predmestjih Himalaje smo izgubljali poti.

Metali smo mreže s pobočij,

prekrivali jame z dlanmi.

Cilj je bil za nami,

tekli smo na mestu,

tekli kakor mule.

MIMO TEBE, MIMO TEBE

svilena pot, jantarna pot,
dišavna pot,
Chanel No.5.
Zariši nam ceno: kupi, ne kupi.
Ramazan brez koruze, ekstra deviškega olja.
Zamahi mlinov, neukih romarjev,
migracije, polni zamahi, težki čolni spominov.
Vrtiljak je prepoln.

Vstopi Al Mahdi,
pridi v več osebah hkrati.
Po stezi v Harem, v Malo Odeso,
z jazzom, uro, opijem, kositrno ladjo.

Adhaan z vhoda in divje zvenenje z zahoda
se bijeta nad penečim morjem.
Mimo tebe kosmati ostružki kopij,
maroško blago.

Rdeče preproge v jarkih,
petkrat na dan.
Nov komunisti, fanti s peterokrako,
polmesec je zamenjal srp,

nova grožnja, nova smrt.

Ground Zero se trese.
Pod njim v podzemni trume tujcev
drvijo po novi poti.

GOTOVE STREHE HIŠ,

letečih zmajev iz poletja,
na tla se lepi prah.
Zdrknem skozi mesto.

Obstaja natanko šest poti
kako ponikniti v podzemlje,
mimo demonstrantov,
dresurnih konjev,
praških priseljencev v novi pomladi.

Japonske češnje cvetijo v parku prezgodaj.
Vratar se je v muzeju dotaknil Marsa,
zazibal se je, nihče ne opazi.

Vogal meji na drugega, zadnja hiša na
predmestje in na morje.
V New Yorku kompozicije odnašajo molčeče,
invalide z značkami, čiste čevlje.
Kdo bi ti govoril o drugem svetu.

KAJ KO ENKRAT NE BI OMENJAL NEBA

ki bo padlo v jutro.

V večeru se prižgejo kometi,

veter obrača plitvine južnega toka.

Prevali v postelji ljudi poniknejo v sanje.

Ne bom tratil obratov jezika,

telo je naše domovanje.

Ptice so naselile kosti, besede iz bakra.

Topimo kolute iz stavkov

z odpiranjem grla,

ko vadimo

dihanje,

okušanje časa.

DANES NE BO PRISTAL

brod iztegnjenih rok.
Špageti segreti v voku,
bazilika, ciprese in sneg.
Marija že dolgo suši perilo po balkonih,
bele srajce, nogavice iz predalov.
Otroci se v kuhinji merijo s hudičem.
Ceste so široke, avtomobili in kolesa
rušijo hidrante.

Spomladi vstane krop s sopare
in se vnamejo vogali, spolzki boki
in nefugirani tlaki majavih zob.
Komarji zlezejo izza omar,
ko Marija dvigne krilo.

Puške so na varnem,
noži za kapre, za meso.
V nočeh Svetega Lovrenca je nebo odprto
za preskok,
ko nihče več ne zaklepa vrat otrokom.

MESTO

ponovi svojo hojo,
daleč stran od vode,
naplavljene iz alg,
posušene na puščavskem pesku.

V podzemni rastejo školjke,
drhtijo od plimovanja ljudi.
Ptica apaškega totema
na njem oblak kobilic.
Naberi ščurkov po vogalih
navajenih smrti.

V mestu s sveto vojno
je jabolko prodano Afroditi
prvič, drugič, tretjič.
Ulice napolnjene senc in
trupla so pokrita z narezanim kamenjem.
Jesen je prišla zgodaj v izložbe.
Lastovke so se poskrile v vrbičevje stolpnic.
Šibilo se je od pesmi.

PREPIH JE ZAMAJAL

staro stanovanje na vogalu 21. ulice in 7 Ave.
Moral bi si podpreti posteljo
s hlodi črnega bora,
Kras je preveč gol.

Popiti sok iz stisnjenih pomaranč,
popiti kavo in antibiotike,
da si upam na cesto.
Afriška ebola, New York Times
pogret s karikaturo v pečici.

To poletje sonce žge drogove,
zastave in ljudi, ki čakajo v vrstah
na ribe v skladiščih, kot bi čakali na vlak,
izlet iz otroštva,
na tržaško omako, ki jo je naredila nona.

Večina stanovalcev bloka verjame v uspeh.
Kdo bi jim zameril?
Nekaj bo že zraslo iz zemlje,
svežega vetra je dovolj za oplod.
Absolutna varnost še dvigne val ali dva.
Temelji so globoki tri nadstropja pod zemljo.

Zvrti se ti, ko pomisliš, kam izgine voda
ko pade čez odtok.

Dovolj je pravil, da si skuhaš dobro kavo.
in z lastnega oltarja vstaneš v sedanjost.
Copati, še mehki,
kot bi bili narejeni včeraj.

OTOK

Na otoku vsak večer zagori po kakšna hiša.
Notranji ogenj, ljudje s črnim nebom,
sparkling.
Vozila s prednostjo poniknejo med hiše,
široke pločnike, rožmarinaste poti.
Prižigajo se okna hiš, čolni plujejo k ribam
in žene ostajajo doma.
Podvodni tuneli, jate školjk na ledu v lokale z gosti.
Mehičani na ladjah, zimskih rok bdijo v nočeh.

Vsi priznamo da je naša reka že iztekla,
naprej, v nov čas.
Samo premik nas lahko s stojišča usmeri v grlo, navzven.
Da izplavamo domov, v posteljo staršev.
Na otok pogube, kjer vonjamo solze otroka.
in samo mi mu pridemo do konca.
Ali pa naredimo novega.

ZOO

Potepuške noči vzrojijo iz drevja glasov.

Afrika tišči v gorovje kamnite pasti.

Srce se poti pod kožuhom.

Splezaj in odpri rano.

Zamrznjena dostava iz Aljaske.

Muslimanske živali čistih šap.

Zgradi zid, da si rešiš naravo.

Zapolni nemir v poljih zrkel.

Rilke se davi s koščico.

Razstavljena vrata v svet sanj.

Gosenica čaka prelet svetlobe,

da si nadene obraz.

Stroji tresejo ekvatorialni sneg.

Manhattan obrazov,

pol otok, pol svet.

LONG ISLAND

Zbuditi se v svetli postelji,
sanjati, da bo dan šele prišel,
si zaželeti pogleda s terase, čaja
z vršičkov jasmina, čakati da bo završalo.

Čez sobo tečejo poti,
okno, miza in nazaj.

Sonce ima dvanajst korakov, da tone.
Ponoči drevesa obrnejo listje na vzhod.
Vsak ima svojega starca ležečega v kotu
in ga pograbi, ko se zaloti v pogovoru s sabo.

Ti in ves svet teče v levo in ura na roki v desno.
Čas pada v rekah in
na koncu ti v kapljah
prekrije obraz.

Ceste so polne govorcev čez dan.
Želel bi si tišine ostre kot noč
in počitek po opravljenem delu.

STATEN ISLAND

Ženske v lokalih vrtijo bingo,
in pokrajina je kot igla obrnjena na sever.
Odtujiti se od padcev, pripetih vrvi.
Otroci iztečejo prosti po nabrežjih.
Oblaki potujejo iz tovarn do pustih dežel,
mornarjev iz Ohorska.
Čutijo se vode, živali iz globin.
Obrnemo kompas nase,
konec našega potovanja bo spoznanje doma prvikrat.

MORJE POLNO

zabrodiš vanj do prvih vrtov.
Hišne številke se razporedijo kot sekvoje avenij,
v letnem urniku.
Na stopnišča bi lahko obesil čolne
in čakal na dviganje in padanje ljudi proti večeru.

Polnijo se cevi, ostrige, leseni tramovi.
Okna dvignjena za sprejem.
Gugalnica iz požarnih stopnic se zaziba
do naslednje strehe.
Padeš za trenutek.
Sonce zaokroži na mestu
in nebo se odtrga tal.

NISMO SE UČILI

kako je, ko potegneš na dan ves bes
in so travniki pred podeželsko šolo v Montrebayu
spet samo travniki.

Hasan, vedno zadaj.
Njegova kapa jenkijev ne oponese,
da je prerasel bratranca iz Teherana
za pet prstov.

Lokostrelec iz ločja,
mrtve ribe, po drevesih hiše.
Drgnjenje zob pred spanjem,
vzame škarje, nit do vzhoda.

Ure, vlak, ga oplazi
kakšen kot celice,
ki presnavlja H_2O v sladkor.

Našel bo izvir, habibi potok
v knjigi slavcev
Tukaj je le učenec, leteči papir.
Smeh nam je izkrivil strah.
Bog odpušča, če si moški,

ženska ti odpre tančico.
Hasan je v travo vrgel Evo,
podrl list,
obrezan je podrl ogenj.
Nismo se učili.

MESTO IMA DVANAJST VRAT,

kjer lahko vstopiš brez doma.

Daljnovodi se držijo podplatov.

Priloge sanj štrlijo

iz porcelanastih gumbnic,

drobijo se po vlakih,

plavajočih kleteh.

To je tvoj dom na križiščih,

pripet na dež, telefonski priključek.

Ko te obišče bolezen,

je dvanajst vrat dovolj, da postaneš svarilo.

Narediš si parke s pregreto zemljo iz škornjev.

Trnje iz peska, sočno sadje zamorskih noči.

Otok in še nekaj smeri,

vonjaš zalive še vedno vrelih pokrajin,

posedanje stopinj,

ko se odločiš mirovati.

AMERIKA TO NISEM JAZ

Izostanem iz pogovorov.
Makaroni s sirom, gotovo najcenejše,
kar lahko zaužijem.
Manhattan bo izplul, ko bom zaprl oči.

Galertni škornji, mrmranje granita
Dostikrat bi se ponudil,
počistil smeti, drevesa, korenine.

Skopje bo poslalo kajmak
v posodi za kavo, drva in zavojček Drine.
Vsako pismo je lahko poslednje.
Danes je to edino, kar se mi lahko zgodi,
rdečke sem prebolel v vrtcu.

Pravokotno se premika sonce in pada.
Afrika na severu, Kitajska na jugu.
Do not walk.

MORAL BI SE IZSELITI TOM

pozabiti na zemljo,
Mongoli jo vedno nosijo s seboj.
Koliko meri tvoje stanovanje na 26. ulici?
Par kvadratov in mačka,
da se ogleduje, ko se zbujaš v popoldan.
Čevlji dvignejo neskončno težo
in ostanejo, ko je treba iti.

Pod posteljo pozabiš otroka,
stripe in kosmiče,
kadar pelješ psa v jesen.

ZVRNIL SEM SE

v znak s postelje za vratom,
k oknu križ na cesti, peso, dva.
V kanalu vlak, med stebri človek, takt
na čevlju prst iz parka.
Plod prihaja z daljnega vzhoda
na nebu, latte, cappuccino, pisk,
obraz v zenitu.

Sanje se še vlečejo čez reko,
tja do zmajev v letečem maju.

VONJATI STRAH,

ki se kopiči v tebi.
Strmeti v mimoidočega, klatiti se.
Reciklirati zrak nabran
v Centralnem parku.
Kronično ponavljati gibe
in se metati z oken.
Umreti pred večerom.
Videti boga
in verjeti vanj.